LYRIKEDITION 2000
begründet von Heinz Ludwig Arnold

Das Buch

»Es gibt hier keine Küstenstraßen« zählt zu dem Besten, was Björn Kuhligk bisher geschrieben hat. Texte zu seiner Geburtsstadt Berlin, der Liebe – zu gesellschaftspolitischen Themen in seiner eindringlich unverstellten Sprache. Stark im Ausdruck und fein im Gestus.

»Knappe Eindrücke aus dem Leben in Stadt und Land, Aussagen über die eigene Befindlichkeit und Betrachtungen über den Zeitgeist spotlichtartig nebeneinander, ein Staccatobilderreigen, bei dem auch mit Zitatbrocken, Werbeslogans und sprachlichen ready-mades nicht gespart wird.«

Cornelia Staudacher, Der Tagesspiegel

Der Autor

Björn Kuhligk, geboren 1975 in Berlin, lebt als Autor und Buchhändler mit seiner Familie in Berlin und leitet die Lyrikwerkstatt open poems der Literaturwerkstatt Berlin.
Veröffentlichungen u. a.: »Am Ende kommen Touristen« (2002); »Großes Kino« (2005); »Leben läuft« (2005); »Der Wald im Zimmer – Eine Harzreise« (mit Jan Wagner, 2007). Herausgeber von: »Lyrik von Jetzt – 74 Stimmen« (mit Jan Wagner, 2003); »Das Berliner Kneipenbuch« (2006), »Das Kölner Kneipenbuch« (2007), »Das Hamburger Kneipenbuch« (2008), »Das Münchner Kneipenbuch« (2008) – (alle mit Tom Schulz); »Lyrik von Jetzt zwei – 50 Stimmen« (mit Jan Wagner, 2008). Er ist Preisträger des open mike der Literaturwerkstatt Berlin 1997, gewann das Arbeitsstipendium der Stiftung Preußische Seehandlung und das Arbeitsstipendium des Berliner Senats 2007/08 und war Stadtschreiber in Eskişehir/Türkei im März 2008.

Björn Kuhligk

Es gibt hier keine Küstenstraßen

Gedichte

LYRIK
EDITION
2000

Weitere Informationen über den Verlag und sein Programm unter:
www.lyrikedition-2000.de

Gefördert von Books on Demand, Norderstedt

Bibliografische Information der Deutschen Nationalbibliothek:
Die Deutsche Nationalbibliothek verzeichnet diese Publikation in der
Deutschen Nationalbibliografie; detaillierte bibliografische Daten
sind im Internet über http://dnb.d-nb.de abrufbar.

2. Auflage
© 2008 LYRIKEDITION 2000 in der Buch&media GmbH
Umschlaggestaltung: Buch&media GmbH, München
Herstellung: Books on Demand GmbH, Norderstedt
Printed in Germany
ISBN: 978-3-86520-329-8

DUMME KUNST
(wenn man das
so schreiben darf): zu erklären
wie das Land
grün wird

Spuren im Schlick, du
trägst die vom Feld
geschnittenen Blumen
auf den Tisch

Wir haben gehalten in der langweiligsten Landschaft der Welt.
Wir haben uns unterhalten und festgestellt, daß es uns hier gefällt.

Tocotronic

MFG, mit freundlichen Grüßen
die Welt liegt uns zu Füßen
denn wir stehen drauf

Die Fantastischen Vier

(Schreib)maschine bin ich

So ist es auch eine Art von Völkerwanderung
wenn die Worte zu Kriegern werden:

sie duellieren sich und eins tritt vor
und hat noch Blut im Klang
und treibt sich an die Lippenhaut

ich hab der Sprache einen Schacht gebaut
darin sie überwintern kann
und kenn die Kälte meiner Zunge
wenn sie nicht denken kann

ich trink Pernot als wärs Granit
ich weiß das Wort im steinernen Brokat
ich schlag es trunken aus der Sprache

und wenn es dunkel wird im Stadtgerüst
die Autos auf den Straßen stehn
wie eine Linie schlafender Tiere
bin ich mit dem Deutsch
am Ende wie ein leerer Biergarten
Anfang Dezember / hab ich den Herbst
in den Taschen zerknüllt

Wenn die Küste

Ich bin die Synkope, der Störton
der morgens, wenn er noch
im Halbtraum, den Hähnen
(gäbe es Hähne) die Hälse um

ich bin der Stein, die Herzkammer
und nachts der Totenticker, wenn
die Textmaschine auf Beschleunigung
durch die Stadt – nur visuell aber schnell – die Beine daheim

ich bin der Rohbau, der Potsdamer Platz
vorm Richtfest, der Freundin die Tränenrampe
so jung du bist, sagt einer, so alt bin ich
dummes Gerede, halb Faust, halb Vaterland

ich bin aus Erde gemacht und hatte Blumen
im Gepäck, die Dröhnung ist perfekt
Herzklappenrückschläge, Heiterkeit
am Firmament, die Tafel ist gedeckt

es bleibt Papier und Innentaschen
mit Geschichte abgefüllt DARAUS WIRD
TEXT GEMACHT

U-Bahn

Die Tür schlägt zu das ist der Anfang
sie schlägt als gäbe es nur dieses eine
nerventötende Klicken das ist der Anfang
eine Frau sie hat das Drücken auf den Augen
den Traum darunter hat sie ein Baby
auf dem Arm sie trägt zwei Augen
durch die Bahn sie trägt drei Kilo Mensch
in einem durch den Untergrund
rasenden Raum das ist der Anfang
einer berührt sie entschuldigt seine Haut
sieht auf den Boden die Frau die sieht ihn an
hat zwei Augen auf dem Arm die sehen alles langsamer
ordnen Bild an Bild dahinter liegt ein warmer Bauch
und das ängstliche Pumpen der Mutterherzmaschine
auf den dröhnenden Asphalttrassen

Pixelpark Berlin

Die Seite wird geöffnet
die Bilder finden sich:
(zuvor: MEINE STADT IST
EINE STARKBIERKNEIPE)
auf dem Busbahnhof stehen
die Geflüchteten und was, was
soll der Landgeruch
AM ENDE SITZT
DER BUB ALLEIN
der Typ mit dem Bar-Code
auf der Glatze hat sich
am Imbiss vergessen und
was soll die Frau da mit dem Jungen
dessen Augen groß wie Glücksräder
und hell für die nächste Auferstehung
DIE STADT ZU STRAFEN
MIT HAMLET-ZITATEN
und der Aufstand der Nation, der nie
anders war, als Brot in Dosen
zu verstecken / sag ichs mal ganz klar:
Berlin ist Freitod ohnehin und Blut
rast dauernd durch die Leitungen und
Verteilungen zum Jahrtausendgipfel
waren nie ne Antwort wert
LÖSCH DAS GEDICHT

NERVENQUERSCHNITT

Das ist der Stoff den du hast
das klopft an jede Tür das ist
normal das übt sich früh &
frei das geht keinen was an
was du zu stammeln hast aus der Endlos-
gedächtnisschleife zum Beispiel wie
du gehst als Held in einem Film mit
Abschied & Zigaretten deine Runden
drehst zum Beispiel was du treibst wenn
du Koffer packst mit Zeilenbrüchen
& einem Kopf der geht hoch &
vorüber an der Stelle zum Beispiel
in der Mietwohnung haut sich
einer auf die Schnelle Silber
in die Vene & golden liegt die Strähne
seines Haares schräg das geht vorbei
vorüber an der Sprache geht das
fremd aus dem Bild

BORNHOLMER BRÜCKE. DEZEMBER

Eine tapezierte Sozialbauwohnung
in der die Körper einer Freitagnacht
in den Ecken zucken / drüber
das Flackern der Neonröhren
und draußen der Freizeitpark im Urstromtal:

eine abgefrorene Großbildinstallation, die sich
die ewige Kippe anzündet:

eine Straße, die nichts
als Fluchten überbrückt
und wie ein hohler Wohnungsbau
als Aussichtsplattform
in der Stadt geerdet wurde

Gleise, die aufs Zentrum gerichtet
und andrerseits geöffnetes Gelände
Kilometer weiter, wenn die Stränge
nicht mehr weiter wissen
und jede Vorstadt eine Sparkasse hat

Übergänge, an denen
der Asphalt geschnitten
Satellitenwohnräume wie eine Hand voll Schorf
in eine Müllhaldengegend geklemmt

und gegen Abend, wenn der Tag zurückfährt
liegen die S-Bahn-Trassen
wie ein von Lichtern erhelltes Stigma
in der Einfallschneise

auf der Bornholmer Brücke
zwischen Rinnstein und Imbiss
steht ein Mädchen und nimmt
während es die erste Zigarette raucht
dem Himmel die Unschuld

(und wenn sie gelitten haben, kommt
das Urlaubsgeld, war es
dann gut)

Berlin im Gewitter

Ein Blitz liegt quer
über der Stadt
und schlägt
einen alten Mann

der liegt wie ein Embryo
im Mutterbauch im Laternenlicht
und nimmt sich
das Lachen beiseite

da steht ein Haus
mit Traum überzogen
und hustet
die letzte Zigarette

eine Adresse
an der Wand
auf dem Tisch noch
dreifingerhoch das Bier

Apokalyptika

1

Aus einem Hauseingang
kommt ein kleiner Junge

er trägt die Toten in der Hand
die er aus der Zeitung geschnitten hat

er sagt, daß sie stinken

seine Mutter greift sich
zwischen die Beine
hopst um eine Laterne
und schreit dabei:

Kleiner, die Engel bluten aus
zu sterben, das ist Grammatik

2

Die Straße ist ein langgezogenes Oratorium
so viele Bitten auf wenigen Quadratmetern

und einer trennt sich von seinen Händen
er sagt, er braucht sie nicht mehr

und ob er der Straße mal zeigen soll
wie der Schrei von Edvard Munch geht

(und wenn viel geschrien wird
fühlt sich einer verfolgt)

3

Vor einem Supermarkt sitzt eine Frau
und haut sich Gold in die Adern

ihre Augen sind geschlossen
damit der Tod nicht weglaufen kann

und rechts und links stehen Häuser voll Zeit
von den Satiren gepanzert

BERLIN 1

Der Mond steht über
dem Taxistand an der Friedrichstraße
die Nacht läuft auf zwei Krücken
in den U-Bahnhof
der rumsteht wie ein Vorort

ein Penner läuft
an den Worten vorbei
spuckt einen Zahn aus
und schreit
daß er sich jetzt den Tod abholen geht

drei Köpfe sammeln
Bedürfnisse ein
allein, sagen sie
ist keiner
als wären sie Sieger
mit ihren Zigaretten
die aussehen wie
Glaube Liebe Hoffnung

Berlin 2

Die Mäntel auf dem Kleiderständer
sind die Häute einer kalten Nacht
wo ich dachte
ich wär allein

unter unseren Blicken
rammt irgendwer
straßengrade eine Wand

jedes Fenster hat eine Ahnung

sie streicht ihm übers Haar
als wärs ne Gegend

»Schätzchen, dreh die Hüften«
sie wollen deinen Herzschlag erden

(diese Stadt ist bleibendes Motiv)

nimm die Worte aus einem Café
und lauf

BERLIN 3

D-Moll, dies Land
schlägt auf, bleibt
liegen und der Nachlaß
der schwitzt

(frag nach dem Blut
im Treppenhaus
frag nach Bildern)

und ein Kopfhörer, der quält sich
die Klagen aus dem Kabel

am Imbiss haben sich die Küsse erkältet
und einer betrinkt sich
und denkt, es sei Paris
und geht ins Kino

und der Mann im Mond ist ein Ami
der in die Kamera grinst

komm, wir gehn als Emigranten

(ist es Dada
wenn unsre Köpfe brennen)

BERLIN 4

Ein Schlachthof im Zwielicht
davor zwei Beine, das bin
ich und laufe senkrecht gegen
den Himmel an in eine Stadt
die düster im Erbrechen
noch in der letzten Zuckung
nicht verreckend immer den selben
den inwändig gelernten Namen trägt:
Berlin, das bin ich, dort habe ich nachts
wenn die Häuser dastehn
wie eine Herde sterbender Tiere
Liebe mit den Trümmern
die weder Lager noch Heimat
noch Care-Paket sind

BERLIN AM STIEL

für Katja Krauß

Hier ist jeder Bezirk eine Fläche
architektonischer Strenge / nach Tagen
schmerzt die Zunge, während
die Freundin schläft / am Morgen
ihre vom Traum beschlagne Brust, die
ich wachküsse / hier ist jede U-Bahn
eine Prosa, die nicht enden sollte / der Wein
ist immer Grauburgunder und legt sich
stockend in die Blutbahn / gestern früh um 6
der Weckdienst, das Fräulein, deren
monotone Stimme haften bleibt
und jeder Morgen ein Tritt auf die Schlafreste
der Traum die Fahne, die man
mit sich bringt / im Schneetreiben
die Busstation, die flackernden Brüste
von Hennes und Mauritz und die Kinder
vor der Grundschule, die sagen, daß eine Stadt
keine Rose keine Rose ist, haben Augenringe

Selbstgespräch in Berlin

da steht ein bild auf dem
bahnhof sagst du und zeigst
auf den mann mit dem
aufgeschlagenen gesicht und
einer flasche schnaps in den fingern
da steht das bild zittrig und
fremd und du sagst du hättest
eben den gedanken gehabt wie
leicht es sei ein gedicht zu
sein und vor dem bild kugelt
der kopf einer taube zu der
seite wo zwei stehn und sich
die liebe erklären du sagst
das könnten die beiden wo-
anders machen nicht hier vor
diesem bild das da steht auf
dem bahnhof mit dreißig jahren
unter den augen du sagst du
sagst immer sagst du was dazu-
gehört was nicht wegzudenken
gelingt aus den worten dieser
stadt

EINE JENER POSTMODERNEN

dumpfen Betäubungen in Berlin
während das Jahrtausend wechselt, da

das Brandenburger Tor schon
angekotzt, kurz nach zwölfe

liegt der dritte Tote zu Füßen
der goldnen Else, die den Lorbeerkranz

wie eine Kneifzange hält, Richtung Fest
sirren die ersten Bomber, Flieger!

grüß mir das Vergangene

BAHNHOF ZOO. DIE ABSCHUSSRAMPE

Die Gleise richten sich
auf Abschiede ein / Liebes-
attribute, an die sie die Köpfe
schlagen werden / im Tiefdruck
beginnt, was nie begann / die Engel
in den Ecken laden neu
die Spritzen und auf
die Abschußrampe / im Tiefdruck
beginnt die Geschichte / der verschüttete Wodka
auf den Bahnsteigen strukturiert
die Einsamkeiten / die schmalen Penner
löffeln Suppe vor der Bahnhofsmission
im Tiefdruck beginnt, was nie
zu Hause war / die Kiffer am Imbiss
trinken auf ex und einer geht kotzen
die Schreie, im Tiefdruck beginnt
die Geschichte, die Prosa
die lärmende Maschine

BERLINER BERICHTSHEFT

Wir sind modern und modern trotzdem
wir fahren uns das Brot der Nächte rein
und spüln mit Destillaten nach
und wenn die Zeitung, die am Morgen
nachdem der Traum ein weitres Mal
die Zunge strafte, wie ein Brief
der schwarz umrandet, im Kasten liegt
ist jedes Kind eine Absage und die Straßen
wie sie sind, sind zu schmal
um das lyrische Etwas nach Hause
zu bringen, wenn ich, den Kopf
entzündet, durch die Stadt
am Abend geh wie Senkblei / wie war
es gut bei Nacht, als Berlin
im Stillen lag und jeder Biergarten
eine Lichterkette hatte

> *Hör gut hin, Kleiner,*
> *es gibt Weißblech, sagen sie,*
> *es gibt die Welt,*
> *prüfe, ob sie nicht lügen.*
>
> Ilse Aichinger

SCHWEIG MIR VON BERLIN

Morgens der Traumstoff, das wärmende, schnelle Schlucken,
 ein Toast
flach wie ein Atemzug, der zögernde Weg, das Warten an der
 Station, der Eintritt
zu den anderen, das Gefühl, du könntest nur für geringe Zeit
 mit ihnen
die Räume teilen, der Schlaf in den Augen der anderen, ein
 Lidschlag
das schnelle Nicken, wenn einer den Alten den Platz freigibt,
 einer knickt ein
mit den Beinen, sitzt auf einem der Orte, hinter denen die
 Straßen liegen
wie Halsschlagadern, pulsierende Fragmente, morgens der
 Traumstoff
die Haltestellen, ein rennender Mann hinter uns, sein
 pumpender Atem
beim Betreten, ein Blick in die Zeitung, die Schlagzeilen, drei
 Tote, Autounfall
gebombte Schädelzentren, die Viertel wechseln wie
 Verbindlichkeiten, ein Husten
ein schmaler, dann heraufziehend, als würde der Atem brechen,
 aus Kopfhörern
ein in sich stoßendes Klanggefüge, jagende Baßfrequenzen, die
 bleiben
wie eine Heimat, morgens der Traumstoff, der vernachlässigte,
 ein Kinderwagen
dicht an der Wand, die störende Klage der zu spät Geborenen,
 leise geweint

ein flüchtiges Gespräch, die Worte tauschen die Gaumensegel,
    ein Knotenpunkt
das hastige Erheben, die Schritte in den nächstliegenden
    Fortschrittsbunker
Kriegsmuttermale auf den Wangen (wer zu früh kam, den
    bestrafte die Bombe)
ein Ruck, ein ungeahnter, der Bus befährt die nächste Straße,
    sag: Straße
der Freiheit, hier wächst kein Lachen, hier sprießt kein Kuß,
    hier bleibt nur
über die Wanze, der Klang, der Name, sag: Berlin, sag:
    Tretminengürtel
enggeschnürt, schweig still, die Augenringe – breit wie zwei an
    den Kopf
geklappte Flügel, die Häuser sind Motive eines
    Alleingelassenen, er weiß
die Sprache, das Mitteilungsinstrument, das eilige Stottern
    einer Syntax, morgens
der Traumstoff, der vergessene, aus den Wohnungen, den
    übereinandergeschichteten
blenden die Ampeln den Weg, der Rasen ist eine Maßnahme,
    ein Kind mit
einem Winkelement in der Hand, sag: Fahne, Staat,
    Stacheldraht, ein Kaufhaus
öffnet sich, eine Straße wird sachlich, ein Penner spielt Mikado
    mit dem Tag
der Fahrer ruft die Orte aus, hab Acht, weißt du, sag:
    Weißblech!

TODESSTREIFEN. BERLIN

Wir stehen
in der stacheldrahtverkeimten Wunde

hier, sagst du
wollten sie die Fahne wechseln

unter diesem von Wolken
geäderten Himmel

wenden wir uns ab
den Feldern entgegen

Im Frühtau
unweit des Streifens
der die halbe Stadt umschnürte
die pensionierten Pegeltrinker
am *Imbiss zum alten Hirten*

Trümmergesichter, die Schwielen
die den Schutt beiseite räumten
Brüderlein, bau auf, und wolltest nicht
mein Bruder sein, so schlug ich
dir den Schädel ein STREICH
DEN LETZTEN SATZ

die Angst der Tormänner beim Wasser lassen /
sag ichs besser im gebrochnen Deutsch:
worüber man nicht schweigen kann
daraus soll man trinken

HYMNE

Auferstanden aus Radar- & Funkkontrollen
gesättigt von Ruine, Faust & Abgesängen
beerdigen wir am Morgen & fordern
Wein nach Bier
      sagt einer »Küß mich!«, dreht um & schreit:
»Reiß das nicht so auf, als wärs
ein West-Paket!«
      wie der mit dunklen Lippen
& die Gegend schweigt sich aus
& hat noch Mauerschüsse im Gehörgang
den Versuch, das Land zu demokratisiern
      wir fordern Wein nach Bier
& haben Auschwitz im Gepäck
      als Großvater sagte, man müsse eine MG
in die DGB-Demo halten
standen wir auf, schrieben *Schieß doch Bulle*
auf die Jeans-Jacken & rannten bierkaufend
von Tanke zu Tanke, saßen in Freiluftkinos
      als eine aufstand & sagte
sie gehe jetzt U-Bahn-Fahren, gingen wir mit
& forderten Wein nach Bier
& tranken bis zum Anschlag
& waren der Geschichte zugewandt

MEIN BERLINER REQUIEM

Im Flutlicht der Industriebezirke
steht eine Gruppe Zweibeiner
im Ohr das Sirren der Hits
aus fünfzig Jahren Grabenkrieg

sie trinken Bier am Rand des Jahrtausends
und warten darauf, daß die Tagebucharchive brennen
und einer die Eltern fragt, warum Stein auf Stein
und dieser Kopf eines Landes zum Torso sollte

auf der Straße stehen zwei Kinder, sie hören
Beethovens Neunte, das eine hat Milch
aus Brandenburg gekauft, das andre sagt
»Alles Stasis, außer Mutti«

und die Nachrichtenagentur meldet Verlust in Schöneberg
am Samstag abend ist eine aufs Baugerüst gestiegen
bis zum Anschlag, wo der Himmel beginnt
sprang auf die Straße, trug ein T-Shirt, darauf
stand gedruckt *Ich war als Kind schon scheiße*
Hure oder Heilige, gib die Küsse zurück

wir tranken, lachten und waren glücklich
unsere Geschichte kam immer im Liegen
zwischen Information und Inferno
so bestellten wir Felder
wer abends weinte, rief die Zeitansage an

ach Herzchen, deutsche Geschichte in Bildern
ist wie ein Stummfilm, durch den du gehst
im Ohr das Sirren der Hits
aus fünfzig Jahren Materialschlacht

BERLINER BLOCKADE

für Tom Schulz

Hier steht immer ein Trinker
am Glücksspielautomaten
wenn ich nachts
in der letzten S-Bahn
durch die Stadt gezogen werde
und nach einem brauchbaren Entwurf
für Kinder und das Leben danach suche

laß besser im Tiefkühlfach die Biere explodieren
wenn du den Bezirken zusiehst
wie sie wachsen, verkommt auch der Wodka
weißt du, die Straßen, sie kommen
alle aus dem selben Mutterleib
aus einem Sonntag-Nachmittag-Spielfilm
und drüber dieser Richard Wagner-Himmel
in den ich alles zu sagen weiß
wenn ich die Hände an der Haut
der Liebe hab / es gibt hier
keine Küstenstraßen

Das Lieben ist schön
Schöner als das Singen
Das Lieben hat zwei Personen
Das ist beim Lieben der Kummer

Heinar Kipphardt

Die Liebe, die Liebe
Ist ein Turmfräulein, das in der Luft
Gehen kann, wie gesagt ohne Gliedmaßen
Aber über die Maßen schön

Tom Schulz

Splitter

Die Züge verlassen
die Stadt ist zu still
um Worte zu finden
nimmt sie die Hand
nicht aus der Tasche
zum Abschied sollte es
Wegwarten regnen

Braunschweig. Leuchtend

Ich hebe den Plastikbecher
auf die Dunkelheit, sage ich
und meine nur deine Abwesenheit
die ich Stunde um Stunde umkreise
draußen der Zement der Stadt
später das aufflackernde Grün
der Felder, Bahnübergänge, an denen
der Asphalt geschnitten / ich trinke
auf mein einsames Herz, darin die Tage
müssen anders werden, die Nächte
auch / ich weiß dir eine Hand
voll Zeilen zuzueignen, das ist
du weißt, schon viel

J'ai peur quand tu dors

Claire Goll

PARIS IST EINE FAHNE

für Anja

Wir fuhren achtspurig in Paris ein
das Laternenlicht zog
in zwei langen Schnüren mit uns

ich hatte meinen rechten Arm
um dich gelegt
und dir eine Kußspur übers Gesicht gezogen

du schliefst
und warst woanders
im Traum

(die Ungeheuer, weißt du)

ob ich dich treffen kann
auf der anderen Seite des Schlafes
immer schleichst du dich davon

und ich allein
mit der Ungewißheit
zu träumen nach dir

blaue Verkehrsschilder
leuchten ein Bild
auf meine Stirn

(die Warteschleife, weißt du)

auf deinen Wangen
ruht sich der Beischlaf aus

120 BPM. TEXTKOPF

Die Fenster vibrieren
im Takt der Basslinie
die sich, dem Tag entfremdet
durch die Räume der Fabriketage
trägt von Körper zu Körper
amputierte Gespräche, die Biere
angelegt und abgedrückt, der Kopf
beginnt zu zittern und hab nur
deine Küsse, das eine, was mir
bleibt gegen die Antworten

Was war?
Was gab es noch?
Meine Wichsgriffel?
Meine betenden Hände?

Arnold Stadler

UND DASS ES BLUT IST
was durch die Gänge geht

da war Weiß auf deinen Schenkeln
und mein Schrei, der im Altbau
wiederhallte

später schlaf ich ein
auf dem Bauch, die rechte
Hand auf deiner Brust
die linke, betend
an meinen Rippen

WENN DU FERN, gibst du
wo Arme waren, Fühler
die tasten dein Verschwinden ab

VOM TOD zu sprechen
wenn wir verwundet
am morgen den abend
ausrufen ich nicht weiß
welches wort am vergangenen
am besten klang du
den stein hebst

Als ich mich am Braun
deiner Augen verletzte

Ich habe keine Flatterzeilen
die etwas offen lassen würden
wenn ich zwischen deinen Brüsten atme

unsere Seufzer, als ich dich
mit meinem Faden an mich
nähen wollte

dein kaum geöffneter Mund
das halbe Lied
und draußen die Bäume
wie Blindenstöcke
tasten die Umgebung ab

*Den Flüssen hier glaubt man nicht,
daß sie ins Meer wollen.*

Barbara Köhler

STADE. FRAGMENT

In den schmalen Gassen / Fischbrötchen
im Maul / die Schaufensterpuppen tragen
schwarz / ein Krüppel in Armeehose übt
den Fall / erste Person Singular /
Konicas knipsen / »Los, lach mal!« / »Komm!
Aus dem Halbschatten!« / der Atommeiler
hört alles / Kebap gibts auch / Pizza
auf der Hauptstraße / zwei die sich küssen /
wie das ist für die Apfelbäume / die Stühle der Cafés
betäubt / die Siele halten das Wasser an /
die Fähre flieht nach Hamburg / ein Kleiner
tritt der Kirche ins Kreuz / da ducken sich die Häuser

My own private hidden poem

Zwischen Festland und Ferne
diese achtzehn mal tausend Meter
eingebläut / abends trug ich Sand
in den Händen, ließ ihn vorm Haus
zu Boden und sagte: Der Grund, auf dem
du schläfst, sei immer Grund
zwischen Festland und Ferne die Häfen
in denen sie die Fische in die Häuser
tragen zwischen Festland
und Ferne mein Lied, in dem ich
Ton um Ton die Lippen zu dir neige
mein leises Lied, in dem ich Wort
um Wort die Haken aus der Sprache hole

HIDDENSEE. AM STRAND DIE TÄNZER DER PALUCCA-SCHULE

Die bewegten Körper
im Morgenlicht am Rand
des Wassers, das kupfern
an der Insel bricht

die ersten Sonnenflecken
auf der Elegie des Dünengrases
und die Schwimmer, die das Meer
am Abend freigeben wird

HIDDENSEE IM GEWITTER 1

Die Götter trommeln zum Prolog

weiße Adern laufen der Insel entgegen

die Häuser rücken einander zu
und halten sich geduckt

wie du mit Regen im Gesicht
den kleinen Splitter Bernstein
den du vom Strand getragen
zwischen deinen Händen sorgsam schützt

den du fandest, als die Holzmolen
in einer silbernen Phalanx standen
und wir sahen
wie das wiederkehrende Wasser aufleuchtet

HIDDENSEE IM GEWITTER 2

Dem Faden der Küste nach
wie Friedrichs Mönch am Meer

den Mund voll Sekt
die Hände bleiben leer

die Vögel tragen aus
was nirgends Ankunft fände

in meinen Texten gibt es
keine Wahrheit, keinen Weinstein

der Boden, auf dem ich geh
hinterläßt sich dem Wasser

Aghadoe Chapel. Irland

Auf dem Kleinstadthügel
der Friedhof, *Maria, dein Name*
ein aufgerissner Himmel
über der Weite der Berge
die zerfallene Kirche, die Gräber
gestreut, ein Junge, einjähriger
Atem, sie haben ihm
Spielzeug aufs Grab gelegt

Belfast

Nachts, wenn den enggeschnürten Zäunen
zwischen Land und Land
die Luft ausbleibt

der Brandsatz
über die Grenze geht

sie Maria um Frieden bitten
und keiner hört

den Dächern Dornenkränze wachsen

Manhattan 1

Jenseits von gut und böse
die übersteuerte Hirnmasse in den Straßen

Fluchtlinien bis zum Anschlag
das morbide Gefälle
einer schräg in den Kopfschmerz
gerichteten Empfindung:

ein Penner in die Gegend geduckt
bleibt fröstelnd liegen
darüber die sich an Häuserfassaden
brechenden Dreiklänge
der Todesmix, der Endlos-Soundtrack
der Krankenwagen

der Schwarze auf der fünften Straße
der uns segnet
mit dem Nasenblut der Nacht an den Händen
schlägt er das Kreuz
vor der Brust hängt Afrika aus Blech

und die Wohnraumpiloten
in dieser an unzähligen Punkten
dirigierten Nervensymphonie, zitternd
im Takt und Presto der pumpenden Straßen
als hätten sie zwei Kontinente kurzgeschlossen

Gespräche von Ventilatoren zerstückelt
und keine Worte
in dieser Feuertreppenromantik
mit denen man schlafen gehen kann

Manhattan 2

Die besten Zeilen
sterben tagelang
im Mund wächst
die Stadt davon

DU STELLST DICH mit
dem Rücken zu mir
im Central Park sind wir
die von Augen
Umzäunten im Freilandlabor

DIE MITTE AUSTRALIENS
für Kerstin Kuhligk

Roter Sand, wohin du siehst / *Mutter Erde*
soll es in Märchen heißen

die Eingeborenen
in den Fußballtrikots
die sich in den wenigen Schatten
mit der Flasche schlachten

du siehst den Ayers Rock im Abendlicht
die einzigartige Färbung des Monolithen
»Mutter Erde«, sagt der Reiseführer
und sucht mit dem Feldstecher
das Land ab

und dein Schlaf in dem Dorf
das sie, vor der Hitze schützend
in die Erde bauten
und die Köpfe der Belüftungsanlagen
wie Widerhaken in dieser baumlosen Gegend

*... es heißt geworfen
wird der erste für den ersten stein.*

Wolfgang Hilbig

Menschen in der Sonne

Fünf Zweibeiner auf Liegestühlen
in der Sonne, eine flache Gegend
dahinter Berge, in einer Phalanx aufgereiht

er ist der, der ein Kopfkissen hat
sie, ihr läuft der Schal, der rote Faden
um den Hals und hinter die Rückenlehne
wo sie im Badezimmer ihre Bilder malen durfte

er malte das leere Amerika
leuchtende Tankstellen, schwer
wie Endreime am Rand der Straßen
die Architektur der Häuser, geöffnete Fenster
eine vom Wind ins Schlafzimmer gewehte Gardine

das letzte war die Bühne, auf der sie
Hand in Hand, zwei entstellte Gesichter
ein Schmierenkomödiant im Abblendlicht

Thomas Bernhard

Nach dem dritten Luftangriff
der abgerissne Hals der Geige
auf dem Boden der Schuhkammer
in der er Mal um Mal die Hosenträger
um den Hals sich schnürte /
den Staat, den sieht man ihm an
sagt Tom, auf Fotographien
das Stillleben, das zum Sittengemälde
wurde / hier im Winter
das beschlagne Glas der Telefonzellen
in denen allein die Gespräche blieben
Müllabladeplätze, die im Frühjahr
eingegittert wurden, der frierende Efeu /
der Stollen im Stein, in den, während
die Sirenen riefen und die ängstliche Statik
der Häuser schnitten, das bewegte Salzburg
lief, eine Ladung Fleisch in den Berg /
ins Gestein getrieben, in den Tunnel
ohne Licht, aus dem die Bewußtlosen
getragen wurden, die Hornhaut
an den Fingerkuppen / hier nur
der Altschuh-Container, der überfüllt
wie ein Wahrzeichen postmoderner
Bestattung in der Schneewehe steht
und sich aushält

DER MUTTER

Vor den Großeltern sterben
die Enkel, ein gestörter Rhythmus
in dem sie sprach am Telefon

ich fotographierte den Regen
und holte Pastis aus dem Schrank
die Angst zu betrinken / nimm das Glas
zur Nacht, dem Sohn die Hände
vom Gesicht

auf dem Friedhof, sagt sie
habe sie die Sprache verloren
als sie ihr Kind sah, wie es
in der einen Hand eine Kette
von Luftballons, die andere
mit Erde gefüllt, stand

Die Hand an sich legen

Flüchtige Reden, die nicht enden werden
das konzentrierte Ziel
ich habe die Tränen gespeichert
ich baue Häuser daraus
in einer Gegend
die nichts anderes verdient
als eine stetig steigende Folge
von Versuchen, bei denen
einer allein schon Geschichte wird

die Messer, die Pillen
für den Endlosschlaf, der Strick
ans Fleischgestell, die Optik
aus einem aus 15 Wohnungen
gestapelten Lebensgehäuse, die Fenster
an denen einer vorbeifällt
die Küsse zurücknimmt, der Aufprall

sie haben Todesarten geübt
sie haben die Bezirke
des nie schweigenden Berlins
in die Adern sich gestoßen
sie haben Schock um Dröhnung
in die Sprache sich gebracht
sie trugen heim, was Tag um Tag
dem Schotter immer gleicher kam
aus dem man Steine formt

ENDMORÄNE. URSTROMTAL

                    in memoriam Wolfgang Ellermann

Was hast du gedacht
als dir das Herz ausging

was dachte der Teppich
auf den dein Körper fiel
in einer Wohnung
in Chicago, nachts und nackt

was dachten die, die dich
in den Wagen hoben

was dachten deine Fingernägel
als sie weiterwuchsen

KLEINE SEZIERETÜDE

Die Toten gehen fremd
Schnitt um Schnitt
die stillgelegten Adern
sind blaue Flecke
auf den Lebenden
dahinter liegt Heimat

HERZVERSAGEN

Die Massage ist seine Performance
sie schlagen sie pressen sein Herz
ist Trumpf leg die Hand drauf
das ist der Rhythmus wo er mit muß
den Rest verfüttert der Freund
an die Rede vor dem offenen Grab
als wäre das Naturalismus
am knieenden Kirchturm vorbei
der letzte Gruß
im linguistischen Raster
wenn es Erde gibt für alle

Krankenhaus Tabea. Zivildienst
Zentralfriedhof

für Jan Ridder

Dein Erwachen, das bewußte Pumpen nach Luft
morgens um sechs der widrige Weg auf Station
das Streifen von Zimmern, in denen der Tod zu Bett ging
der Gruß der Nachtschwester und du nur ganz in weiß
auf diesem einen langen Flur zur Arbeit, an der Decke
sind der Bahnhofsuhr die Züge schon seit langem weggefahren
die Morgenwaschung, wie du mit einer unter der Dusche stehst
und du siehst nur ihren faustgroßen Dekubitus, das Auge
im Rücken, das dich anblickt und du sollst ihr
die Scham waschen und du weißt nicht, wie du sie
berühren sollst, wie du erst vorsichtig, dann schnell
den Lappen unter ihr hervorziehst, die Fiberkurven
diese zittrigen Bahnen in roter Farbe auf Papier
der Blutdruck, das Drücken der Luft gegen die des anderen
Pillenausgabe, ein Tupfer, das Wechseln der Kanüle
gutes Essen, sagst du, eine Spritze unter die Haut, die Frage
ob es gut geht, allein im Bett, ein schneller Scherz
über die Schulter gesprochen, dein Verschwinden, ein Mädchen
Haut und Knochen, kommt auf dich zu, Totenschädelgesicht
und sie spricht, sie spricht mit diesem Gesicht, weil das
mit 32 Kilo nicht anders geht, ihre blaugewordnen Arme
stützen sich auf deine Schulter, sie betritt die Waage und du
sagst ihr das Gewicht, du sagst es nur so und denkst:
Engel waren immer leicht, ein Mann im Rollstuhl rädert
den Flur entlang, bleibt sitzen, verharrt vor einem Bild
an der Wand, Kinderzeichnung, Kreide, verschmiert
auf Papier, er sieht dich, lenkt ein, kommt auf dich zu
und schreit, daß er das Vorletzte sei, das Letzte die Kawasaki
die ihn traf auf der Schnellstraße auf dem Heimweg
und plötzlich Alarm, einer bekommt keine Luft mehr
der Flur füllt sich mit weißen Kitteln, du stürmst
in ein Zimmer, Sauerstoffmaske, Atemschock, einer preßt
ihm die Rippen aus dem Körper, Blut fließt von der Brust
ein »Hast du ihn? Hast du ihn?«, du siehst
das tränenverschmierte Gesicht der Oberschwester

die postume Gegend eines Todes, das Antlitz einer Mutter
du siehst seine Augen, die starre Maske eines Zweibeiners
im Abgelebten, du trägst ihm den Angstschweiß
von der stillgewordenen Haut, die Schwester bindet ihm
das Kinn gegen den Kopf, ein weißes Tuch
ein schmaler Streifen Reinheit, sie sieht das Weiß
in den Augen, drückt sie nieder, verschließt
die Wahrnehmungsöffnung, du fährst ihn hinunter
in den Leichenraum, unterm hölzernen Kreuz bahrst du
ihn auf, verläßt ihn, gehst von Station, aus dem Gebäude
und nachts bist du der einzige Nerveninsasse
deines Zimmers, im Traum die Fahne auf Halbmast

Was du brauchst

du brauchst eine küste, die wellen
die anschlagen, du brauchst ein feld
eine fläche, die vom wind
gezeichnet, du brauchst zwei, drei
wege, die du gehen kannst, zwei
richtungen, ein haus, das ist alles

Telegramm

du schläfst immer alleine
schreibst du du trinkst
mit jedem auf die liebe
der will du würdest
die fehlenden zähne hören
von jedem der dir kinder verspricht
schreibst du seit du einsam bist
riecht alles an dir nach narben

Schornsteinfeger

Die Reste
der Wärme
zu kehren
tragen sie schwarz
auf den Dächern

DIE UFER AUSGESPERRT

für Werner Söllner

Die Geschichte
in zwei Koffern, der Bahnhof
schon der nächste, dieses Land
nach Wiedergeburt Kindstod, dieses Land
landeinwärts ein Schweigen, dieses Land
vergißt sich nicht, weil jedem Fadenkreuz
eine Kugel folgen könnte / wer dort
beim Vorübergehen in ein Schaufenster sieht
um seinen Gang zu erklären, welche Worte
zwischen Über- und Unter-Ich zu finden
sind in den Kopfgeschossen, -sätzen
wer das Bier köpft mit zwei Ländern
um Wortfetzen zu schwängern, in den Schaumkronen
der Himmel besuchter Tage
eines jeden Vergangeheit / schreib die Worte
auf Papier, auf den Stein
schreiben sie andere

Gelegentlich / Politisch

Das Bier schon schal
der Fernseher sendet Bilder
auf die Straße hämmert der Regen
der Gedanke, wie schnell das Ticken
der Uhr im Raum verschwindet
was wäre, wenn wir glücklich
und wie leis die Katze
auf dem Sessel schläft

FÜNFMAL hab ich
Magersüchtige auf die Waage gehoben

viermal sah ich
Katzen in Drahtgestellen

dreimal rannte ich
steinewerfend durch Kreuzberg

zweimal ging ein Arbeitsloser
neben mir ins Bier

einmal wollte ich
das Messer in die Haut

ich bin dreiundzwanzig
demokratisch aufgewachsen
habe den Krieg im Fernsehn

WER HAT den Wein / ab 5 Uhr 45
wird zurück / du sollst keine
andere Sprache / ein Loch
im Kopf / happy hour die Kugeln
zum halben / was uns
bleibt / schön daß es dich / wer Worte
an den Haken / hat Leichen
unterm Laken ausgeschleust

Im TV Vietnam

Das Blut in schwarz-weiß
kommt nicht gut
schnell abgehackt
die Szene geschaltet das Bild
auf den Panzer der geht
über einen Fluß umschossen
von Flakscheinwerfern die malen
ein Aquarell in den Südseeabend
die Schädeldecken fetzen
aus dem Apparat die Hirnreste
auf dem Teppich sind nicht sicht-
bar das Querflötenspiel eines Idioten
auf dem Körper des toten Freundes
die eine Seite hat noch Schokolade
die andere ein leeres Wort
zu graben einen Quader da liegt
keiner drin die Lazarettgebete
der Amputierten das leise Lied
auf den Lippen für die Wärme
im Mund über die Äcker
zieht sich eine geometrische
Figur der aufgestellten Kreuze
auf die Peripherie (wo ist
das Adjektiv) geht eine Frau
und schreibt zwischen die Furchen
daß das Leben ein Knieschuß war

Das Jahr 2000 findet nicht statt
Jean Baudrillard

Was wir Zukunft nannten
war ein Fernsehbild, Jahre
auf Flakscheinwerferfahrten dezimiert

first we take Manhattan im Sperrfeuer
der Telefonanrufe, Monologe
für Alleingelassene

das Abspulen eines Mordes im Stummfilm
Bilder, die sich jagen, eine Geschichte
nicht hier und jetzt, nur Trauerarbeiten

in den Simulationsräumen steht ein Mädchen
und schießt auf den Teilchenbeschleuniger
das Jahr 2000 findet nicht statt. sic!

AUS DEM BRECHTBAU

für Ralf Bönt

Fast jeder zweite ist danach geboren
und die Schuld wird immer langweiliger
drum haben wir, ja hossa, Lichter an
die Narkosemittel generalisiert

als der Lehrer, klaren Blicks
uns Freizeit-Drogis sah, da sagte er:
»Im Wald, da steht ein Ofenrohr
und stellt euch mal die Hitze vor«

und GUT GELAUNT AM MORGEN
die Zeitung auf: die Leichenschau
feiern wir mit Toast und Tee
und wieviel Updates braucht ein Kuß

daß man nach Auschwitz undsoweiter
die Sprache geht einem so oder so
daß man nach Jugoslawien immer
noch Fußball spielt, ist eine Frage
der Fernbedienung

jajawoll, meine Herrn
so haben wir es gern
wir hören Brecht im Autoradio
wir, die wir den Boden bereiten undsofort
und draußen regnets, nein, es regnet
nicht, da schlagen Pixel auf Asphalt

Anmerkungen

EINE JENER POSTMODERNEN – bearbeitet Rolf Dieter Brinkmanns Gedicht »Einen jener klassischen ...« (aus »Westwärts 1 + 2«), *goldene Else:* ugs. vergoldete Figur der Siegesgöttin auf der Berliner Siegessäule

MEIN BERLINER REQUIEM – beinhaltet Splitter oder Strukturen von Tom Schulz, Gerald Fiebig, der Berliner Tageszeitung »Der Tagesspiegel« und »Matthias« BAADER Holst

SPLITTER – *Wegwarte:* eine an Wegrändern in Europa und im Mittelmeergebiet häufig vorkommende Sommerblume, die ihre Blüte erst bei Sonnenaufgang öffnet

PARIS IST EINE FAHNE – *J'ai peur quand tu dors* – Ich fürchte mich, wenn du schläfst

120 BPM. TEXTKOPF – *bpm:* beats per minute

HIDDENSEE IM GEWITTER 2 – *Mönch am Meer:* das gleichnamige Bild des Malers Casper David Friedrich

MENSCHEN IN DER SONNE – das gleichnamige Bild des Malers Edward Hopper

KRANKENHAUS TABEA. ZIVILDIENST. ZENTRALFRIEDHOF – *Tabea:* eine Jüngerin aus der 9. Apostelgeschichte des Lukas, die von Petrus vom Tod erweckt wird (»Tabita, steh auf!«); *Dekubitus:* das Wundwerden von Haut mit entzündlichen Veränderungen

FÜNFMAL – bearbeitet Uwe Kolbes Gedicht »Male« (aus »Hineingeboren«)

AUS DEM BRECHTBAU – *Brechtbau:* germanistische Fakultät der Universität Tübingen

Inhalt

Dumme Kunst · 5

(Schreib)maschine bin ich · 9
Wenn die Küste · 10
U-Bahn · 11
Pixelpark Berlin · 12
Nervenquerschnitt · 13
Bornholmer Brücke. Dezember · 14
Berlin im Gewitter · 16
Apokalyptika · 17
Berlin 1 · 19
Berlin 2 · 20
Berlin 3 · 21
Berlin 4 · 22
Berlin am Stiel · 23
Selbstgespräch in Berlin · 24
Eine jener postmodernen · 25
Bahnhof Zoo. Die Abschußrampe · 26
Berliner Berichtsheft · 27
Schweig mir von Berlin · 28
Todesstreifen. Berlin · 30
Im Frühtau · 31
Hymne · 32
Mein Berliner Requiem · 33
Berliner Blockade · 34

Splitter · 37
Braunschweig. leuchtend · 38
Paris ist eine Fahne · 39
120 bpm. Textkopf · 40
Und daß es Blut ist · 41
Wenn du fern · 42
Vom Tod · 43
Als ich mich am Braun deiner Augen verletzte · 44

Stade. Fragment · 47
My own private hidden poem · 48
Hiddensee. Am Strand die Tänzer der Palucca-Schule · 49
Hiddensee im Gewitter 1 · 50
Hiddensee im Gewitter 2 · 51
Aghadoe Chapel. Irland · 52
Belfast · 53
Manhattan 1 · 54
Manhattan 2 · 55
Du stellst dich · 56
Die Mitte Australiens · 57

Menschen in der Sonne · 61
Thomas Bernhard · 62
Der Mutter · 63
Die Hand an sich legen · 64
Endmoräne. Urstromtal · 65
Kleine Sezieretüde · 66
Herzversagen · 67
Krankenhaus Tabea. Zivildienst. Zentralfriedhof · 68
Was du brauchst · 70
Telegramm · 71
Schornsteinfeger · 72
Die Ufer ausgesperrt · 73
Gelegentlich / Politisch · 74
Fünfmal · 75
Wer hat · 76
Im TV Vietnam · 77
Das Jahr 2000 findet nicht statt · 78
Aus dem Brechtbau · 79

Anmerkungen · 81